CLAUDIA SOUTO E PAULO AUGUSTO

BANHOS E ERVAS NA FORÇA DOS ORIXÁS

Copyright © 2022 Editora Rochaverá Ltda. para a presente edição.

Todos os direitos reservados para a editora Rochaverá Ltda. Nenhuma parte desta edição pode ser utilizada ou reproduzida por qualquer método ou processo sem a expressa autorização da editora.

Título
Banhos e Ervas na Força dos Orixás

Autores:
Claudia Souto / Paulo Augusto Cardoso

Edição e Diagramação:
Fábio Galasso

Capa:
Fábio Galasso

Revisão:
Yolanda de Andrade

Internacional Standard Book Number:
ISBN: 978650042064-7 / 64 páginas

Editora Rochaverá
Rua Manoel Dias do Campo, 224 – Vila Santa Maria
São Paulo – SP
CEP: 02564-010
Tel.: (11) 3426-5585
www.editorarochavera.com.br

INTRODUÇÃO

A cura do corpo e da alma faz parte do processo de evolução espiritual de todo ser humano, e as plantas fazem parte deste processo de cura doando suas essências para o reestabelecimento energético, trazendo paz de espírito e tranqüilidade para quem deseja tranqüilidade, harmonia equilíbrio espiritual e paz.

As plantas e ervas são um presente da mãe-natureza que estão nesse planeta igualmente a todos nós em processo de transformação, e são elas quem nos ajudam a reequilibrar e re-energizar as nossas fontes de energia espiritual junto aos campos astral.

O conhecimento dos poderes das plantas é antigo e ainda hoje é passado de geração em geração, não apenas através dos negros e escravos que os trouxeram, pois os índios brasileiros, benzedeiras, e antigos caboclos já utilizavam para suas receitas de curas e transformação energética. Pois os banhos são uma das maneiras naturais de usar a energia das ervas e das plantas para promover uma troca energética entre você e a natureza, e esse conhecimento já era utilizado pelas antigas gerações.

Porém o conceito da natureza manifestada através dos Orixás é mais recente, e nos mostra que através da imigração dos escravos africanos pudemos unir as duas culturas e formas de entendimento para agregar sabedoria sobre a Natureza que carrega a energia dos Orixás e manifesta a força da terra.

E essa união de conhecimento nos auxiliar em nossos processos evolutivos, bem como o conhecimento sobre as ervas e plantas para fortalecer os laços e unirmos forças para busca do mesmo objetivo, a cura do corpo e da alma.

A troca de energia entre você e a natureza através da vibração das ervas e das plantas nos possibilita o alcance do equilíbrio mental e espiritual com as energias dos nossos próprios Orixás. E além de promover o equilíbrio espiritual e a paz interior nos direciona nos braços de nossos pais e mães espirituais.

Por isso, incluir banho energético na força dos nossos Orixás, além de nos reequilibrar e nos deixar com mais ânimo e força, nos coloca em contato direto com a energia daqueles que nos Guiam nos dando exatamente o tipo de energia que precisamos através da sintonia que nos faz animados em espírito.

BANHO DE ERVAS

Precisamos nos lembrar que um banho de ervas e plantas na energia de nossos Orixás, não é apenas um banho, e sim um momento de conexão espiritual com a divindade que nos guia. Por isso, não é apenas um banho para re-energizar seu corpo e alma, é um momento de religar-se com o sagrado através da mãe-natureza que representa e manifesta o próprio sagrado.

Recomenda-se que antes de iniciar o seu banho, fazer uma oração ao seu Orixá, lhe pedindo muita energia e forças em seus caminhos, que seus caminhos sejam sempre abertos, prósperos e protegidos por aquele que te guia.

BANHOS DE PROTEÇÃO NA FORÇA DOS ORIXÁS

Como preparar seu banho na força de seu Orixá:

A medicina orgânica e natural é vista como um dom divino. Aqueles que conhecem os seus efeitos poderá curar com plantas homens e mulheres que chegarem em seus caminhos, sofrendo de quase todo mau da matéria ou desequilíbrio espiritual que atinge grande parte da população devido o estilo de vida do nosso século.

Os banhos são indicados para abrir os caminhos no trabalho no amor, tranqüilizar, acalmar, re-equilibrar as energias e te conectar com seu Orixá quando estiver passando por momentos difíceis e relacionados também a grandes decisões.

Mas para isso é necessário seguir alguns passos muito importantes antes para que o seu efeito seja potencializado e alcance seu objetivo espiritual junto ao mundo espiritual.

Antes de iniciar seu banho tenha em mente o seguinte:

- Tenha a intenção do banho definida em sua mente para não desperdiçar tempo e energia
- Faça uma consagração (através de oração, por exemplo) para que possa abrir os canais espirituais entre você e seu Orixá
- Determine qual o melhor momento para fazer seu banho e não tenha nenhum outro compromisso ou o faça com pressa
- Alinhe sua intenção pessoal, ou o motivo de seu banho com a sua fé durante o preparo. Então durante a escolha das ervas e o preparo mentalize tudo o que você deseja de forma que se abra um canal vibracional positivo entre você e o campo astral
- Quando iniciar seu banho, sinta cada folha e água caindo sobre seu corpo e mentalize seu Orixá próximo a você, essa busca

espiritual irá promover uma troca energética entre você e ele através das propriedades do banho e re-estabelecer assim o equilíbrio energético físico, mental, emocional e espiritual

- Após o banho, agradeça as forças astrais ao campo divino e siga confiante em seu poder de cura.

Oxalá

- 7 Ramos de alecrim
- 7 ramos de manjericão
- 3 Punhados de erva doce
- 7 folhas de hortelã
- 3 rosas brancas (apenas as pétalas)

Quando fazer: Segunda-feira

Modo de preparo: Colocar um pouco de água para ferver em uma panela, após a água ferver, desligue o fogo e coloque dentro 7 remos de alecrim, 7 ramos de manjericão, 3 punhados de erva doce, 7 folhas de hortelã, 3 rosas brancas (as pétalas). Tampe tudo e deixe esfriar por três horas. Após esse período seu banho estará pronto e deve ser utilizado sempre que sentir-se cansado, sem energia, estressado e desanimado.

Obs.: Este banho deve ser jogado no corpo do pescoço para baixo, após seu banho de higiene, de preferência em uma segunda-feira.

Após o banho não seque seu corpo com toalha ou pano, deixe secar naturalmente, jogue os resíduos em um local limpo ou jardim.

Ogum

- 1 Espada de São Jorge (dividir em 7 pedaços)
- 21 Cravos vermelhos (as pétalas)
- 7 Punhados de manjericão
- 7 Folhas de arnica

Quando fazer: Terça-feira

Modo de preparo: Colocar um pouco de água para ferver em uma caneca, após a água ferver desligue o fogo e coloque dentro os 7 pedaços da Espada de São Jorge os 7 cravos vermelhos, os punhados de manjericão e as 7 folhas de arnica. Tampe tudo e deixe esfriar por três horas. Após esse período seu banho estará pronto e deve ser utilizado sempre que sentir-se cansado e em apuros.

Obs.: Este banho deve ser jogado do pescoço para baixo, após seu banho de higiene, de preferência em uma terça-feira.

Após o banho não seque seu corpo com toalha ou panos, deixe secar naturalmente, jogue os resíduos em um local limpo ou jardim.

Oxossi

- 1 Punhado de cabelo de milho
- 21 Folhas de goiabeira
- 21 Folhas de Manjericão
- 21 Folhas de louro

Quando fazer: Quinta-feira

Modo de preparo: Colocar um pouco de água para ferver em uma caneca, após a água ferver desligue o fogo e coloque dentro o punhado de cabelo de milho, 5 folhas de goiabeira, as 5 folhas de manjericão e as 5 folhas de louro. Tampe tudo e deixe esfriar por três horas. Após esse período seu banho estará pronto e deve ser utilizado sempre que sentir-se cansado e em apuros.

Obs.: Este banho deve ser jogado no corpo do pescoço para baixo, após seu banho de higiene, de preferência em uma quinta- feira.

Após o banho não seque seu corpo com toalha ou pano, deixe secar naturalmente, jogue os resíduos em um local limpo ou jardim.

Oxum

- 21 folhas de Manjericão
- 21 Pétalas de rosa branca
- 21 Folhas de girassol
- 13 folhas de melissa
- 13 Folhas de camomila

Quando fazer: Sábado

Modo de preparo: Colocar um pouco de água para ferver em uma caneca, após a água ferver desligue o fogo e coloque dentro as 21 folhas de manjericão, as 13 folhas de melissa, as 13 folhas de camomila, as 21 pétalas de rosa branca e as 21 folhas de girassol. Tampe tudo e deixe esfriar por três horas. Após esse período seu banho estará pronto e deve ser utilizado sempre que sentir-se cansado e em apuros.

Obs.: Este banho deve ser jogado no corpo do pescoço para baixo, após seu banho de higiene, de preferência em um sábado.

Após o banho não seque seu corpo com toalha ou pano, deixe secar naturalmente, jogue os resíduos em um local limpo ou jardim.

Xangô

- 12 Paus de canela
- 13 Folhas de laranjeira
- 13 Folhas de rosas vermelhas
- 3 Folhas de comigo-ninguém-pode
- 7 Folhas de Jasmim

Quando fazer: Quarta-feira

Modo de preparo: Colocar um pouco de água para ferver em uma caneca, após a água ferver desligue o fogo e coloque dentro os 12 paus de canela, as 13 folhas de laranjeira, as 13 folhas de rosas vermelhas, as 3 folhas de comigo-ninguém poder e as 7 folhas de jasmim. Tampe tudo e deixe esfriar por três horas. Após esse período seu banho estará pronto e deve ser utilizado sempre que sentir-se cansado e em apuros.

Obs.: Este banho deve ser jogado no corpo do pescoço para baixo, após seu banho de higiene, de preferência em uma quarta-feira.

Após o banho não seque seu corpo com toalha ou pano, deixe secar naturalmente, jogue os resíduos em um local limpo ou jardim.

Nanã

- 7 Folha de cana do brejo
- 7 folhas de assa-peixe
- 3 Punhados de cardamomo
- 3 folhas de alfavaca roxa

Quando fazer: Domingo

Modo de preparo: Colocar um pouco de água para ferver em uma panela, após a água ferver, desligue o fogo e coloque dentro as 07 folhas de cana do brejo, 7 folhas de assa peixe, 3 punhados de cardomomo, e folhas de alfavaca. Tampe tudo e deixe esfriar por três horas. Após esse período seu banho estará pronto e deve ser utilizado sempre que sentir-se cansado, sem energia, estressado e desanimado.

Obs.: Este banho deve ser jogado no corpo do pescoço para baixo, após seu banho de higiene, de preferência em um domingo

Após o banho não seque seu corpo com toalha ou pano, deixe secar naturalmente, jogue os resíduos em um local limpo ou jardim.

Yansã/Oyá

- 1 Espada de santa Bárbara (cortar em 5 partes)
- 7 folhas de louro
- 7 Canelas em pau
- 7 folhas de guiné

Quando fazer: Quarta-feira

Modo de preparo: Colocar um pouco de água para ferver em uma panela, após a água ferver, desligue o fogo e coloque dentro as 5 partes da espada de Santa Bárbara, 7 folhas de louro, 7 canelas em pau, 7 folhas de guiné. Tampe tudo e deixe esfriar por três horas. Após esse período seu banho estará pronto e deve ser utilizado sempre que sentir-se cansado, sem energia, estressado e desanimado.

Obs.: Este banho deve ser jogado no corpo do pescoço para baixo, após seu banho de higiene, de preferência em uma quarta-feira.

Após o banho não seque seu corpo com toalha ou pano, deixe secar naturalmente, jogue os resíduos em um local limpo ou jardim.

Iemanjá

- 1 Rosa branca (apenas as pétalas)
- 7 Folhas de jasmim
- 3 galinhos de malva branca
- 7 folhas de cana do brejo

Quando fazer: Sábado

Modo de preparo: Colocar um pouco de água para ferver em uma panela, após a água ferver, desligue o fogo e adicione a rosa branca (as pétalas), 7 folha de jasmim, 3 galinhos de malva branca, 7 folhas de cana do brejo. Tampe tudo e deixe esfriar por três horas. Após esse período seu banho estará pronto e deve ser utilizado sempre que sentir-se cansado, sem energia, estressado e desanimado.

Obs.: Este banho deve ser jogado no corpo do pescoço para baixo, após seu banho de higiene, de preferência em um sábado.

Após o banho não seque seu corpo com toalha ou pano, deixe secar naturalmente, jogue os resíduos em um local limpo ou jardim.

Obaluaê/Omulú

- 7 Folhas de milho
- 7 Folhas de laranja lima
- 7 Folhas de espinheira santa
- 7 Folhas de assa peixe

Quando fazer: Segunda-feira

Modo de preparo: Colocar um pouco de água para ferver em uma panela, após a água ferver desligue o fogo e coloque dentro as 7 folhas de milho, 7 folhas de laranja lima, 7 folhas de espinheira santa, 7 folhas de assa peixe. Tampe tudo e deixe esfriar por três horas. Após esse período seu banho estará pronto e deve ser utilizado sempre que sentir-se cansado, sem energia, estressado e desanimado.

Obs.: Este banho deve ser jogado no corpo do pescoço para baixo, após seu banho de higiene, de preferência em uma segunda-feira.

Após o banho não seque seu corpo com toalha ou pano, deixe secar naturalmente, jogue os resíduos em um local limpo ou jardim.

Exú

- 7 galhos de arruda
- 7 Folhas de chorão
- 7 Folhas de mangueira
- 7 Folhas de mamona
- 1 Pau santo

Quando fazer: Segunda-feira

Modo de preparo: Colocar um pouco de água para ferver em uma panela, após a água desligue o fogo e adicione 7 galhos de arruda, 7 folhas de chorão, 7 folhas de mangueira, 7 folhas de mamona, 7 pau santo. . Tampe tudo e deixe esfriar por três horas. Após esse período seu banho estará pronto e deve ser utilizado sempre que sentir-se cansado, sem energia, estressado e desanimado.

Obs.: Este banho deve ser jogado no corpo do pescoço para baixo, após seu banho de higiene, de preferência em uma segunda-feira.

Após o banho não seque seu corpo com toalha ou pano, deixe secar naturalmente, jogue os resíduos em um local limpo ou jardim.

OUTROS BANHOS DE ERVAS

As ervas sagradas unem seus poderes vibracionais para transmutar a energia negativa, nos traz tranqüilidade, paz e harmonia espiritual. Mas não basta sabermos que é preciso limpar as influências das energias negativas para viver fluindo energias boas e pensamentos bons, é preciso agir e nos utilizarmos das benevolências da natureza junto ao campo astral, que nos entregam todos os dias, os melhores elementos de purificação astral que são as ervas, as plantas e as flores.

O campo material esta cheio de "vampiros" energéticos que nos sugam as energias diariamente, através do ódio, rancor, inveja nos deixando desanimados, sem contar o estresse do dia-a-dia que também é outra fonte sugadora de nossas energias boas, nos fazendo vibrar e emanar energias carregadas de fluídos negativos.

Para isso existe a medicina natural que já era utilizada pelos antigos e ainda hoje é uma fonte de luz em nossos caminhos, para nos re-equilibrar e nos trazer novamente a paz e a tranqüilidade que a vida espiritual e material precisam.

Aqui temos alguns banhos de ervas que irão trazer mais equilíbrio nos momentos de desespero, fraqueza espiritual e física para que possamos seguir nossos caminhos em paz.

Manjericão

Porque fazer: o banho de manjericão é uma ótima opção para os dias em que as energias estão desequilibradas no trabalho ou nos relacionamentos em geral. O manjericão tem o poder de limpar as energias carregadas em seu corpo e ainda lhe dará uma sensação de paz de tranqüilidade repondo as energias boas. E como é um banho para relaxar, recomenda-se ser feito a noite

O manjericão é uma erva poderosíssima para revitalização, tanto que na Umbanda ela é utilizada para vitalizar as guias dos médiuns.

Ingredientes
- 1 Ramo de manjericão
- 2 litros de água

Modo de preparo: Colocar 2 litros de água para ferver em uma panela, após a água ferver, desligue o fogo e adicione 1 ramo de manjericão. Tampe tudo e deixe esfriar por 20 minutos. Após esse período seu banho estará pronto e deve ser utilizado para repor suas energias.

Obs.: Este banho deve ser jogado do pescoço para baixo, após seu banho de higiene. Após o banho não se enxugue com a toalha, deixe o banho sobre seu corpo formando um campo magnético de boas energias.

Boldo

Porque fazer: O boldo possui inúmeros benefícios para o corpo, em geral ele é recomendado para problemas gastrointestinais, pois ele promove uma limpeza e purificação profunda no organismo trazendo sensação de alívio e bem estar. Mas não apenas isso, os benefícios terapêuticos e espirituais também são muitos, o banho de boldo traz alívio e sensação de limpeza interior em momentos de estresse, cansaço, e tensão causados pelo dia-a-dia. E também é um banho para relaxar da tensão, por isso é recomendado fazer durante a noite, antes de ir dormir.

Ingredientes
- 3 Punhados de folhas de boldo
- 2 litros de água

Modo de preparo: Colocar 1 litro de água para ferver em uma panela, após a água ferver, desligue o fogo e adicione os 3 punhados de folhas de boldo cortados grosseiramente com as mãos. Tampe tudo e deixe esfriar por 20 minutos. Durante seu banho. Após esse período seu banho estará pronto e deve ser utilizado para repor suas energias.

Obs.: Este banho deve ser jogado do pescoço para baixo, após seu banho de higiene. Após o banho não se enxugue com a toalha, deixe o banho sobre seu corpo formando um campo magnético de boas energias.

Guiné

Porque fazer: O banho de guiné, assim como a arruda tem o poder de transmutar as energias negativas em energias positivas. As duas plantas alcançam semelhantes objetivos, isso quer dizer que trazem benefícios para quem as utiliza. Porém, o guiné possui elemento mais concentrados para esse tipo de trabalho espiritual, atuando diretamente nas energias densas e purificando a essência do paciente.

Essa erva sagrada tem o poder de limpar e purificar as energias carregadas que nos deixam cansados, estressados, irritados, mal-humorados e sem energia para quase nada, e nos proteger espiritualmente.

Sobre a nossa aura, ele tem o poder de criar um "campo de força" de proteção bloqueando as energias negativas e emitindo vibrações novas que alteram nosso astral e energia de vitalidade. Atrai boa sorte, bem estar, felicidade e energia.

Este banho que é chamado também de "banho de descarrego" é ideal para afastar inimigos, olho gordo, dores no corpo físico, desânimo e aflições.

Ingredientes
- 7 Folhas de guiné
- 2 litros de água

Modo de preparo: Colocar 2 litros de água para ferver em uma panela, após a água ferver, desligue o fogo e adicione 7 folhas de guiné. Tampe e deixe em difusão por 10 minutos. Após esse período seu banho estará pronto e deve ser utilizado após o banho de higiene.

Obs.: Este banho deve ser jogado no corpo do pescoço para baixo, após seu banho de higiene. Após o banho não se enxugue com a toalha, deixe o banho sobre seu corpo formando um campo magnético de boas energias.

Arruda

Porque fazer: A arruda é uma das ervas mais poderosas para combater a inveja, o olho gordo e o mau-olhado. Essa erva sagrada tem o poder de limpar e purificar a aura alterando as energias e vibrações que estão sendo recebidas e emanadas pelo paciente. Sua ação está em formar uma camada de proteção espiritual para bloquear as energias e vibrações ruins nos trazendo paz e equilíbrio.

Essa erva também nos auxilia nas questões de nervosismo, irritabilidade, ansiedade e angústias, atuando como purificadora e consumidora de energias densas que nos desequilibram e desmotivam no dia-a-dia. Como é uma erva que destrói as larvas astrais e o acúmulo energético, re-estabelece as energias e equilíbrio espiritual.

Ela re-estabelece o equilíbrio e afasta o desanimo e aflições em geral, nos deixando mais preparados e motivados abrindo caminhos e oferecendo proteção energética.

Ingredientes
- 3 Ramos de arruda fresca
- 2 litros de água

Modo de preparo: Colocar 2 litros de água para ferver em uma panela, após a água ferver, desligue o fogo e adicione os 3 ramos de arruda fresca. Tampe e deixe em difusão por 10 minutos. Após esse período seu banho estará pronto e deve ser utilizado após o banho de higiene.

Obs.: Este banho deve ser jogado do pescoço para baixo, após seu banho de higiene. Após o banho não se enxugue com a toalha, deixe o banho sobre seu corpo formando um campo magnético de boas energias.

Alecrim

Porque fazer: O banho de alecrim é ideal para abrir os caminhos e afastar energias negativas. Essa erva sagrada tem o poder de limpar e purificar a aura alterando as energias e vibrações que estão sendo recebidas e emanadas pelo paciente de maneira negativa. Sua ação está em formar uma camada de proteção espiritual para bloquear as energias negativas, enquanto energiza o corpo e equilibra o espírito.

O alecrim é considerada uma erva que tonifica as pessoas e o ambiente, sem conta que é também um poderoso estimulante natural, favorecendo atividades mentais como estudo e trabalho, nos dando ânimo e vitalidade.

Ingredientes
- 1 Punhado de alecrim seco
- 2 litros de água

Modo de preparo: Colocar 2 litros de água para ferver em uma panela, após a água ferver, desligue o fogo e adicione 1 punhado de alecrim seco. Tampe e deixe em difusão por 10 minutos. Após esse período seu banho estará pronto e deve ser utilizado após o banho de higiene.

Obs.: Este banho deve ser jogado do pescoço para baixo, após seu banho de higiene. Após o banho não se enxugue com a toalha, deixe o banho sobre seu corpo formando um campo magnético de boas energias.

Comigo-ninguém-pode

Porque fazer: O banho de comigo ninguém poder ser considerado um banho de proteção e defesa espiritual e deve ser feito sempre que se sentir desequilibrado desaminado, e sem energias e vigor para nada. Essa erva sagrada tem o poder de quebrar demandas, ajustar desequilíbrios e desajustes espirituais purificando a aura e o ambiente e alterando as energias e vibrações.

Comigo ninguém pode é umas das armas mais poderosas contra o olho gordo e a inveja, contribuindo ainda no auxílio para maior atração de boas energias. Ele possibilita a limpeza e o fortalecimento energético, tanto de pessoa quanto do ambiente em que esta plantada.

Em seu modo de atuação, ela absorve as energias negativas de pessoas mal-intencionadas, evitando brigas, desequilíbrios, desavenças e outros malefícios que possam chegar a residência onde esta inserida.

Seu banho suga as energias negativas de "vampiros energéticos" e limpa a aura e a vibração espiritual do paciente lhe dando mais vitalidade, equilíbrio e sensação de harmonia e paz, abrindo os caminhos e trazendo energia.

Ingredientes
- 3 Pedaços de folhas de comigo-ninguém-pode
- 2 litros de água

Modo de preparo: Colocar 2 litros de água para ferver em uma panela, após a água ferver, desligue o fogo e adicione 3 pedaços de folhas de comigo-ninguém-pode. Tampe e deixe em difusão por 10 minutos. Após esse período seu banho estará pronto e deve ser utilizado após o banho de higiene.

Obs.: Este banho deve ser jogado do pescoço para baixo, após seu banho de higiene. Após o banho não se enxugue com a toalha, deixe que o banho sobre seu corpo formando um campo magnético de boas energias.

ATENÇÃO: Arruda, comigo-ninguém-pode, espada-de-são-jorge e guiné são plantas que não podem ser ingeridas, pois são tóxicas. Por isso, tome bastante cuidado ao fazer seu banho para não inserir o liquido por acidente. E depois de manuseá-las, lave bem as mãos

BANHOS COM ROSAS BRANCAS

O banho de rosas brancas é indicado para abertura de caminhos, purificação espiritual, proteção e reposição de energias purificadas. A rosa é uma flor sagrada em várias culturas, pois acredita-se que sua essência transmita a essência divina que é capaz de acalmar, elevar o espírito e nos transportar para patamares espirituais mais elevados, por isso nos traz paz.

O banho com rosas brancas serve como elemento espiritual para proteção, atração ou como repelente natural de energias negativas. Mas é importante saber unir alguns elementos para potencializar e alcançar a força necessária sobre aquilo que se espera.

Então o banho com rosas não tem a finalidade de causar apenas sensação de tranqüilidade, ele nos traz paz, acalma e nos deixa a sensação de pureza como faz uma limpeza espiritual deixando a aura mais leve e a sensação de limpeza espiritual mesmo. Isso porque ele promove mudança em nossos corpos espirituais e trazem uma poderosa energia, capaz de se alinhar com nosso corpo astral agindo como um escudo contra as vibrações negativas e nos dando paz de espírito, renovando as energias.

Rosa Branca - Para Alterar Energias

Ingredientes
- 1 Rosa branca
- 2 litros de água

Este banho é indicado para alterar as energias carregadas por energias mais puras e sutis, trazendo alívio para o espírito e tranqüilidade para quem necessita de mais equilíbrio e paz.

Modo de preparo: Colocar 2 litros de água para ferver em uma panela, após a água ferver, desligue o fogo e adicione as pétalas da rosa branca. Tampe tudo e deixe esfriar por 20 minutos. Após esse período seu banho estará pronto e deve ser utilizado para repor suas energias.

Obs.: Este banho deve ser jogado da cabeça para baixo, após seu banho de higiene. Após o banho não se enxugue com a toalha, deixe o banho sobre seu corpo formando um campo magnético de boas energias.

Jogue os resíduos em um local limpo ou jardim.

Rosa Branca - Abertura de Caminhos

Ingredientes
- 1 Rosa branca
- 7 Gotas de mel puro
- 1 Colher de sal grosso
- 2 Litros de água

Modo de preparo: Colocar 2 litros de água para ferver em uma panela, após a água ferver, desligue o fogo e adicione as pétalas da rosa branca, 7 gotas de mel puro, e 1 colher de sal grosso. Tampe tudo e deixe esfriar por 20 minutos. Após esse período seu banho estará pronto e deve ser utilizado para repor suas energias.

Obs.: Este banho deve ser jogado no corpo do pescoço para baixo, após seu banho de higiene. Após o banho não se enxugue com a toalha, deixe o banho sobre seu corpo formando um campo magnético de boas energias. Jogue os resíduos em um local limpo ou jardim.

Rosa Branca - Proteção Espiritual

Porque fazer: O banho de rosas brancas juntamente com outros elementos é indicado para proteção espiritual.

Ingredientes
- 1 Rosa branca
- 1 Punhado de sementes de erva doce
- 1 Punhado de folhas de mirra
- 1 Punhado de sal grosso

Modo de preparo: Colocar 2 litros de água para ferver em uma panela, após a água ferver, desligue o fogo e adicione as pétalas da rosa branca, 1 punhado de sementes de erva doce, 1 punhado de folhas de mirra e 1 punhado de sal grosso. Tampe tudo e deixe em difusão por cerca de 10 minutos depois coe as ervas e deixe esfriar. Após esse período seu banho estará pronto e deve ser utilizado para repor suas energias.

Obs.: Este banho deve ser jogado no corpo do pescoço para baixo, após seu banho de higiene. Após o banho não se enxugue com a toalha, deixe o banho sobre seu corpo formando um campo magnético de boas energias. Jogue os resíduos em um local limpo ou jardim.

Outros banhos

Banho de Proteção

Ingredientes
- 3 Rosas amarelas
- 1 Ramo de hortelã

Modo de preparo: Colocar 2 litros de água para ferver em uma panela, após a água ferver, desligue o fogo e adicione as pétalas das 3 rosas amarelas e o ramo de hortelã Tampe tudo e deixe em difusão por cerca de 10 minutos depois coe as ervas e deixe esfriar. Após esse período seu banho estará pronto e deve ser utilizado para repor suas energias.

Obs.: Este banho deve ser jogado no corpo do pescoço para baixo, após seu banho de higiene. Enquanto joga o banho em seu corpo peça ao campo astral que lhe traga energia, segurança e paz em seus caminhos.

Mau-olhado

Ingredientes
- 3 Ramos de alecrim
- 1 Punhado de manjerona
- 3 Folhas de levante
- 3 Margaridas (apenas ás pétalas)

Modo de preparo: Lave em água corrente pequeno ramos de alecrim, levante, manjerona e algumas pétalas de margarida. Ferva 2 litros de água, após a água ferver, desligue o fogo e adicione estes ingredientes. Tampe tudo e deixe em difusão por cerca de 10 minutos depois coe as ervas e deixe esfriar. Após esse período seu banho estará pronto e deve ser utilizado para repor suas energias.

Obs.: Este banho deve ser jogado no corpo do pescoço para baixo, após seu banho de higiene. Enquanto joga o banho em seu corpo peça ao campo astral que lhe traga proteção, boas energias e vibrações em seu caminho e bastante

Superar Problemas Financeiros

Ingredientes
- 1 Copo de arroz
- 3 litros de água

Modo de preparo: Ao se levantar ou pela manhã esquente um litros de água com um copo de arroz cruz dentro (não deixe ferver, apenas esquentar). Coe e deixe a água esfriar. Depois tome seu banho de higiene, despeje este banho sobre seu corpo do pescoço para baixo, mentalizando suas dificuldades e pedindo ao campo astral que lhe abra a visão e os caminhos para que possa superar as dificuldades.

Depois coloque uma roupa branca e faça uma oração Pai Nosso pedindo caminhos para solução do seu problema.

Orixás e algumas de suas plantas:

- **Oxalá:** alecrim, algodão, boldo, erva-cedreira, funcho, girassol, hortelã, levante, malva.
- **Erês:** alecrim, alfazema, amoreira, hortelã, laranjeira, manjericão, rosa branca, sálvia.
- **Exú:** arruda, beladona, cactos, cana de açúcar, carqueja, comigo ninguém pode, mamona, mangueira, picão preto, pimenta da costa, pinhão roxo, unha de gato, urtiga.
- **Iansã:** alfazema, bambu, dormideira, espada de iansã, louro, manjericão, pitangueira, romã.
- **Iemanjá:** alfazema, anis, chapéu de couro, hortelã, jasmim, lágrima de Nossa Senhora, lavanda, mastruço, pata de vaca, unha de vaca.

- piperegum amarelo e piperegum verde.
- **Nanã:** alfavaca, assa peixe, avenca, cipreste, crisântemo roxo, erva-cidreira, manacá, oriri, quaresmeira, pinhão roxo.
- **Obá:** alteia, bambu, cambuí amarelo, cordão de frade, cravo da índia, dormideira, espirradeira, hortelã, lírio do brejo, louro, manjericão roxo, maravilha bonina.
- **Ogum:** abre-caminho, agrião, aroeira, carqueja, espada de São Jorge, flecha de ogum, jatobá, jurupitã, losna, pata de vaca, pinhão roxo, vence tudo.
- **Obaluaê:** alfavaca roxa, babosa, canela de velho, fruta de pomba, gervão, mamona, mostarda, velame.
- **Ossain:** Mamona, Pitangueira, Erva-Vintém, Jureba roxa, Nós-de-cola, Espada de São Jorge, Bredo

- **Oxossi:** alecrim do campo, alfavaca, carapiá, eucalipto, guiné caboclo, jurema, salgueiro, samambaia.
- **Oxum:** alfavaca, arnica, camomila, erva-cidreira, gengibre, ipê amarelo, rosa amarela, rosa branca.
- **Oxumaré/Bessen:** alteia, angelicó, araticum-de-areia, graviola, ingá-bravo, língua de vaca.
- **Pretos velhos:** arruda, eucalipto, guiné, manjerona, pinhão roxo.
- **Xangô:** alfavaca roxa, café (folhas), cipó-mil-homens, espada de São João, flamboiant, hortelã, levante, mangueira, manjerona, mentrasto, nega-mina.

*Que a energia e força dos orixás
estejam presentes em seus caminhos,
trazendo paz, harmonia e boa sorte!*

A BÍBLIA REAL ESPÍRITA

CONHEÇA A BÍBLIA REAL, A PRIMEIRA BÍBLIA ESPÍRITA DO MUNDO

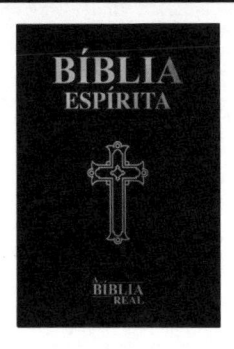

Comunidade Espírita de Umbanda Coboclo Ubirajara

Rua Doutor Almeida Nobre, 96
Vila Celeste - São Paulo - SP
CEP: 02543-150

- www.abibliaespirita.com.br
- @abiblia.espirita
- A Bíblia Espírita
- A Bíblia Real / Bíblia Espírita
- faceboook.com/cabocloubirajaraoficial/
- faceboook.com/exuecaminho
- faceboook.com/babalaopaipaulo
- faceboook.com/claudiasoutoescritora
- contato@editorarochavera.com.br

Editora Rochaverá

Rua Manoel Dias do Campo, 224 – Vila Santa Maria – São Paulo – SP - CEP: 02564-010
Tel.: (11) 3951-0458
WhatsApp: (11) 98065-2263

EDITORA ROCHAVERÁ